한국 작곡가가 만든 일곱색깔의 부활절 칸타타

예수 그리스도 다시 사셨도다!

부르기 쉽고 아름다운 17곡 부활찬양

작사

지성찬

작곡

고혜영 · 신은희 · 심진섭
이경희 · 정영희 · 진정숙
〈가,나,다...순〉

나침반

할렐루야!

예수그리스도의 부활을 기뻐하며 부활하신 주님을 찬양합니다!
부활의 기쁜 소식을 전한 마리아와 제자들의 마음처럼 설렘과 두려움의 마음으로 부활절 칸타타를 출판하게 되어 하나님께 감사와 영광을 돌립니다.
부활절칸타타 "예수그리스도, 다시 사셨도다!"는 각자에게 달란트를 주신 주님의 은혜에 감사하여 하나님을 사랑하는 여섯 명의 작곡가와 한 명의 시인이 한 마음으로 만든 일곱 색깔의 찬양고백입니다.
음악적 성격이 다른 여섯 작곡가들의 작품으로 전체 17곡이 수록되어있어서 큰 규모의 성가대 뿐 만아니라 작은 규모의 성가대에서도 편리하고 폭넓게 선곡할 수 있도록 구성하였습니다.
또한 여섯 명의 모든 작곡가들이 현재 한국에서 활발한 활동을 하고 있으므로 각 교회의 성가대에 맞도록 새로운 편성이나 편곡이 필요할 때 쉽게 요청할 수 있습니다.
이 번 부활절칸타타 "예수그리스도, 다시 사셨도다!"를 통하여 부활의 기쁨과 감동이 부르는 이와 듣는 이 모두에게 은혜와 축복이 되고 하나님께 영광이 되기를 기도합니다.
마지막으로 이 책의 출판을 흔쾌히 허락해 주신 나침반출판사에도 깊은 감사를 전하며 우리나라의 더 많은 교회성가대들이 한국작곡가들의 곡으로 찬양을 드릴 수 있기를 진심으로 소망 합니다.

최선의 음악을 최고의 하나님께!

시인, 작곡가 일동

목차

1. 천지창조와 예수 그리스도

계 셨 으 니 —
하 나 — 님 이 시
라 — 태 초 에 —
태 초 에
poco a poco cresc.
poco a poco cresc.

말 씀 이 — 하 나 — 님 이 시
말 씀 이
라 —
mf
L'istesso Tempo ♩. =80
mf

하 나 님 이 천 ― 지 ― 를
하 ― 나 님 이 천 ― 지 를
아 ― 름 ― 답 ― 게 만 드 시 고 당 신 ― 의
형 상 ― 대 ― 로 ― 사 람 ― 을 ― 지 ― 으 셔 서

복 을 주 시 고
복 을 주 시 고
이 르 시 기 를
만 물 을 다 스 리 고
이 르 시 기 를
만 물 을
다 스 리 고
다
다 스 리 고
번 성 케 하 셨 더 라
번 성 케
하 셨 더 라
아 담 과
번 성 케 하
셨 더 라 아 담 과

불 순 종 하 여
하 와 가
하 나 님 께 불 순 종 하 여
하 와 가
에 덴 동 산 에서 내 친 바
되 었 으 니
이 것 이
되 었 으 니

70
죄 악 의 씨 가
70
죄 악 의
73
되 었 더 라

아 브 라 함 의 하 나 님 —
이 삭 의 하 나 님
아 브 라 함 의 하 나 님
— 야 곱 의 하 나 님 —
이 삭 의 하 나 님
야 곱 의 하 나 님

이 스 라 엘 큰 민 — 족 을
이 — 루 — 시 고
다 윗에게 큰 복 — — 을 주 사

그 핏 줄에서 한 아기가 탄생했으 으
니 베들레헴에 영 광이라
영 광 이라 영 광이 라

102
세 상 의 — 희 — 망이라 — 희 — — — 망 — — 이
102
102
105
mf
무 서 운 죄 악 과
105
라 —
무 서 운 — 죄 악 과 —
105
108
poco a poco cresc.
우 — — —
우 — 리 를
108
사 — 망 — 권 세 에서
108
poco a poco cresc.

구 원 하 신 예 수 그 리 스 도
그 이 름
그 이 름

기 묘 자 라
모 사 라
전 능 하 신 하 — 나
기 묘 자 라
모 사 라
님 — 영 존 하 시 는 아 버 지 라 —
아 — — — —
그 는 주 앞 에
영 존 하 시 는 아 버 지 라
그 는 주 앞 에
poco a poco dim.
poco a poco dim.

L'istesso Tempo
mp
129
서
자 라 나 기 를
연 ─ 한
주 앞 에 서 자 라 나 기 자 라 나 기 를
133
순 ─ 같 고 마 른 땅 에 서 나 온 줄 기 같 아 서 고 ─ 운 ─ ─
137
모 ─ 양 도 없 ─ 고 풍 채 도 없 었 으 니 ─ 우 리 의

보 기 ― 에 흠 ― 모 할 만 한 아 무 것 도 없 도
다
―
L'istesso Tempo
rit.
p

2. 어찌 그리 아름다운지요

작사 • 지성찬 작곡 • 진정숙

♩=72
hum
하 늘 — 에 는 별 들 의 영 — 롱
산 에 — 들 에 피 — 는 어 여 뿐
hum
한 빛 은 주 님 의 눈 — 빛 이 — 요
꽃 은 주 님 의 마 — 음 이 — 요

하 늘 ― 에 는 해 와 달 손 ― 을
산 에 ― 들에피 ― 는 어 여 쁜
하 늘 ― 에 는 해 와 달
산 에 ― 들에피 ― 는
잡 ― 고 ― 주 님 을 따 ― 라 ―
꽃 ― 은 ― 주 님 의 얼 ― 굴 ―
손 ― 을 잡 고
어 여 쁜 꽃 은
가 네 ―
이 네 ―

2. 어찌 그리 아름다운지요

창 조 주 신 비 한 능 력
창 조 의 놀 라 운 솜 씨
락 리
영 광 의 하 나 님
♩=72

주 의 이 름 이 어 찌 그 리
아 름 다 운 지 요
D.C. (optional)
D.C. (optional)
ppp

3. 기뻐하고 즐거워하라

작사 • 지성찬 작곡 • 신은희

♩ = 130
f

Women unison   mf
심령이가 ― 난한 자는복있 ―나니 천국이저 ― 회
mf

것 이요 ― 애통하는 ― 자는 복 ― 이있 ― 나니 저회가위 ― 로

받 겠네 — 온유한자 — 는 복이있나 — 니 저희가기 — 업을
받 겠네 — 의에주리 — 고 목마른자 — 는 저희가배 — 부를
것 이요 — 기뻐하고 —즐거 워하라 —

하늘에서 ─상이 크리라   기뻐하고 ─즐거 워하라 ─
하늘에서 ─상이 크리라
f

36 Men unison
mf
mf
궁휼히여 ─기는 자 는 복 있 ─나니 궁휼히여 ─김을 받겠네─

40
마음이정─결한 자 는복있─나니 저 회가하 ─나님 보겠네─

44
화평케하 ─는자 복이있나 ─ 니 하나님의 ─아들 되겠네─

의를위하 — 여 핍박받는 —자는 천국이저 — 회 것이라 —
크 리 라
하 늘 에 서 —상 이
하 늘 에 서 —상 이   하 늘 에 서 —상 이   크 리 라

4. 나는 길이요 진리요 생명이니

작사 • 지성찬 작곡 • 정영희

Bass or Solo
라
나 는

길 이요 진 리요 생명 이니 나 로

말 미암지않고 는 아버지 께로 올수

S.A.
T.B.
내 가
없 느 — 니 라
가 는길 따 라 — 너 를 — 사 랑 — 하 시 는
아 버지께 오 기 원 하노라 —

Man & Women Unison.
mp
나 는 ― 길 ― 이요 진 ―리 요생명
mf
― 이 ― 니 나 로 말 미암 지않고 는 ― ― 아 버 지
께 로 ― 올 수 ― 없 느 ― 니 라

내가 가는길 험하 ─ 여도 영생 ─ 과 복락
내가 가는길 험하 ─ 여도 영생 ─ 과 복락
있 는 아버지께 오 기원하노 라
있 는 아버지께 오 기원하노 라

# 5. 포도나무

작사 · 지성찬 작곡 · 진정숙

주 一 님 포 도 나 무 의 가 지 一 네 一
Bass
주 님 은 성 령 열 매
Alto
주 님 은 성 령 열 매 열 一 리 는 포 도 나
열 一 리 는 포 도 나 무 주 님 은 성 령 열 매
T.B.
포 도 나

5. 포도나무

무 — 나는 주 — 님 포도 나무의 가 지 — 네 —

이 — 가 지 에 열 리 는 믿 음 의 열 — 매
T.B
이 — 가 지 에 열 리 는 — 믿 음 의 — 열 매

주님의 것 이니주 께드―리고 ― 이ㅡ
주 님 의 것 이 니 주 께드―리 고―
세 상 에 ― 나 누 어 주 ― 리 ― 다
주님의 것 이 니주 께드리고 ― 이
주 님 의 것 이 니 주 께드―리고―

세 상 에 나 누 어 주 리 다
rit.
pp
ppp

6. 성령이 너희에게 임하시면

작사 • 지성찬 작곡 • 신은희

는 얼굴 에 근심 가득해 — 걱정만 하고있구나 — 나를
너희는얼굴에 얼굴에근심 가득해 — 걱정만 하고있구나 —
보내신 — —아버지 아버지 께로내가 가면 —
보내신아버지 아버지 께로내가 가면 —
보 혜사성령이

너 회에게 임할 것이요 — 너회를 진리가운데로
진리가운데로 인 도 하시리
mp
3

33
rit-----------------

7. 주님 안에 거하면

작사 · 지성찬 작곡 · 고혜영

성 령이 주시는 참 평화 내 가 누 리면
마 음의 근 심 어디있으랴 두 려 울 것 없 도 다 ―
주 님 안 에 거 하면 ― 성 령이 함 께 하 시 네 ―

성 령이 내게 힘주시고 — 귀한은혜주 시네 —

S.A
주 님 안에거 하면 성 령이 함께하시네

T.B
성 령이 날인도 하 시고 사랑하여주시네 —

성령이 주시는 참 평화 내가 누리면
마음의 근심 어디있으랴 두려울것 없도다
주님 안에 거하면 성령이 함께하시네

7. 주님 안에 거하면

8. 어린 나귀 타신 주님 (종려주일)

작사 •지성찬 작곡 •고혜영

살 렘 오 르 시 네   메 시 야

우 리 주 님 사 랑 하 는 제 자 들

이   뒤 따 르 네   T.B
영

S.A.
영 광 의 주 님
광 의 주 님 을
에 루
mp
모 시 어 라
살 렘 아 모 시 어 라
구 원 의
mp
우 리 주 님 사 랑 하 는 군 중 들

8. 어린 나귀 타신 주님 (종려주일)

산 나
호
가 장 높은 곳 에 서
산 나
가 장 높은 곳 에 서
하 늘 의 문 열 어 라
예 루 살 렘 아 예 루 살 렘 아

8. 어린 나귀 타신 주님 (종려주일)
영 광 의 문 열 어 라
호
예 루 살 렘 아 예 루 살 렘 호
산 나 다 윗 의 자 손 이 여 주 의
이 름 으 로 오 시 는 이 여

영 광 을 받 으 소 서
호 산 나
찬 송 하 리 로 다 호 산 나
fff
fff

9. 최후의 만찬

작사 • 지성찬 작곡 • 신은희

14
f
가
Bass solo
mf
이 떡은 내 몸 이라 하 시 고 잔 을 가 지 사 사 례 하 시 고
mf
f

18
라 사 대 이 것은 많은 사 람 의 죄 사 함 위 해

21
(2nd time only)
1.
흘 린 나의 피 곧 언약 의 피라고 말 씀 하 셨
(2nd time only)
(2nd time only)

24
2.
네 말 씀 하 셨 네

10. 깨끗게 하소서

작사 •지성찬 작곡 •정영희

사 주의 피—로 깨끗게하 여 주소서
주 여 십 —자 가 보 혈 어둠을 이 기 는
주 님 지 —신 십 자 가 세 상 맑 히시는
능 력 이 전 것 은 지 나 고 새 — 것 이
mel.

mel.
되었네 이전것은 지나고 새것이
되 었 네
Fine
이 세 상살면

서 지은죄 와허 물 너무크 —오—
니 주—여 돌아 —보—사 주의
니 주—여 돌아 보—사 주의

피 로 깨끗게하 여 주소서 ― 주 여
피 로 깨끗게하 여 주소서 ― 주 여
십 자가보혈 어둠을 이기는능력
십 자가보혈 어둠을 이기는능력

이 전 것 은 지 나 가 고 새 ― 것 이 되 었 네 이 전 것 은
이 전 것 은 지 나 가 고 새 ― 것 이 되 었 네 이 전 것 은
지 나 고 ― 새 것 이 되 었 네 ― ―
지 나 고 ― 새 것 이 되 었 네 ― ―
D.C. al Fine
D.C. al Fine
D.C. al Fine
D.C. al Fine

11. 내가 세상을 이기었노라

작사 • 지성찬 작곡 • 고혜영

아 버 지 께 서 — 친 히 — 너 회 를 사 — — 랑 하 — — 심 — 이 라
내 가 너 — 회 를 떠 난 후 에
너 — 회 가 사 방 으 로 흩 어 질 지 라 도 —
Andantino

하 — 나 님 너 희 와 항 상 — 함 께 하 실 것 이 요
너 — 희 가 내 — 안 에 서 — 평 — 안 을 — — 누 —
리 게 하 — — 리 라
세 상 에 서 — 너 희 — 가 환 — 란 을 당 하 나
Moderato

믿 음 으 로 — 바 위 — 처 럼 굳 세 고 담 대 하 라 내 —
가 험 한 이 세 상 을 이 기 었 노 라 이 기
었 노 라

12. 빌라도 앞에 서신 예수님

작사 • 지성찬 작곡 • 이경희

12. 빌라도 앞에 서신 예수님

네 그러나 저희들은 소리질러 ― 십자가에
우 ― ― ― 우 ― ―

못 박게 하소서 ― 십자가에 못박게 하소서
우 ― ― 우 ― 우

a tempo
mf 군 병 들 이 예 수
mf
rit.
f
님 을
채 찍
(발로 친다)
채 찍
(손뼉)
(발)
휘
(손을 위에서 아래로 내리며)
잉 음
sfz
f
sfz
mp
accel.
a tempo
f

가 시 면류관 — 을 씌 우 — 고 — 자 색 옷 을 입 — 히 고
유 대 인 의 왕 이 라 고 — 조 롱 했 네 — —
빌 라 도 는 예 수 — 님 이 무 죄 함 을 — 알 고
무 죄 함 을 알 고

도 ─
예 수 님 을 십 자 가 에 못 박
히 게. 내 어 주 었 으 니
빌 라 도 는 예 수 님 앞 ─ 에 세 세 토 록 씻 을 수

빌라도 는 예수 님 앞ㅡ에 세세토 록 씻을 수
ㅡ 없는 무ㅡ거 운 죄를 범하
ㅡ였 도 다

13. 예수님의 고난, 가상7언

작사 •지성찬 작곡 •심진섭

모 진 고 욕 다 당 하 시 고 ― ― 치 ― 욕 의 십 자 가 를
지 시 고 ― ― 골 ― 고 다 언 덕 길 을 향 ― 하 여 가 ― 실 때
몇 번 이 고 몇 번 이 고 ― 넘 ― 어 ― 지 ― 시 며 고 ― 난 의 길 ― 가 셨 도

다 뼈와 살에 못질 하여
다 가셨도다 뼈와 살에 못질 하여
poco a poco dim.
예 수님을 십 자가에 달 리게하 셨으
예 수님을 십 자가에
mf
니 하늘의 하나님
하늘의 하나님

poco a poco accel. e cresc.
f
아 버 지 의 마 음 어 떠 했 으
poco a poco accel. e cresc.
f
라
♩.=60
♩.=60
accel. e cresc.
빌 라 도 가 패 를 써 서
accel. e cresc.
2

십 자 가 에 붙 이 니
나 사 렛 유 대 인 의 왕
가상 7언
46 Tenor solo (예수)
아 버 지 여
저 — — 희 — 를 —
남성
아 버 지 여
저 — — 희 — 를

50
사 — — 하 — 여 주 — 옵 소 서   자 기 — 의 하 — 는 — 것 을 알 — 지 못 — 하
여성
우
나 — 이 다
L'istesso Tempo
아 — — — — — 아 — — — 아 — — — — 아 — — —
L'istesso Tempo
55

60 남성 L'istesso Tempo
Bar. solo (강도)
mf 한 강 도 가 예 수 님 께 가 로 되 예 — 수 여
60 L'istesso Tempo
mf
63
당 신 의 나 라 에 임 — 하 실 — 때 에 — 나 —
63
66
Tenor solo (예수)
mf 내 가 — 진 — 실 로
66
를 생 — — 각 하 — 소 서
66

이르—노니 오 늘—네—가 나 —와—함 —께
낙 — — —원—에 있 — —으 —리라
여성
예 수 께 서 그 모 친과 사 —랑—하 시 는

제 자가 함께 있는 것을 보 시고
모 친 에 게 말 씀 하 시 되
Tenor solo (예수)
여 자 여 보 소 서 아 들

86
이 ― 니 ― 이 다
86
89 L'istesso Tempo
남성 또 제 자 에 게 이 르 시 되
89
Tenor solo (예수)
보 라 ― 네 어 머 니
89 L'istesso Tempo
89

라 一
L'istesso Tempo
그 때부터 그 제자가
L'istesso Tempo
자 기 집 에 모 시 니 라

100
poco rit.
105
a tempo (L'istesso Tempo)
mp
mp
mp
구 ― 시 즈 음 에 ―
구 ― 시 즈 음 에
예 ― 수 ― 께 ― 서
111
mf
예 ― 수 ― 께 ― 서
큰 ― 소 리 로
가 라 사 대
큰 ― 소 리 로 ―
가 라 사 대 ―
mf

13. 예수님의 고난, 가상7언

135
여성
나의 하나님 ― ―
나의 하나님 ― ―
니 ―
나의 하나님 ― ―
140
어 ― 찌 하 여 ― 나 ― ― ― ― 를
나의 하나님 ― ―
어 ― 찌 하 여
144
버 리 ― 시 나 이 까 ―
나 ― ― 를 버 리 시 나 이 까 ―

13. 예수님의 고난, 가상7언

부 탁 — 하 — 나 —2이 다 — —
부 탁 — 하 — 나 —2이 다 —
이 후 에 예 수 께 서 모 — 든 일 이 미
이 — 룬 줄 아 시 고 성 경 으 로 응 — 하 게 하 려 하 사

172
Tenor solo (예수)
L'istesso Tempo
mp
내 가 목 마 르 다 ―
172
가 ― 라 사 대
172
mp sotto voce
내 가
172
L'istesso Tempo
mp
178
목 마 르 다 ―
178
184

Tenor solo (예수)
다 이 루 었 다 ―
다
이 루 었 ― 다 ―
rit.
8va bassa

14. 주님 부활하셨네

작사 · 지성찬 작곡 · 고혜영

낭독 : (음악시작) 막달라 마리아는 제일 먼저 예수님의 무덤을 찾아갔습니다.
무덤의 돌이 옮겨진 것과 주께서 다시 살아나신 것을 보았습니다.

그리고, 예수님 제자들에게 달려가서 부활의 소식을 전하였습니다.

어둠에서 영광으로 승리하셨네
약속하신 말씀대로 다시사셨네
T.B
우리죄 사하시려 — 죽음에서살아 나셨네 —
새생명 주시려고 — 사망에서생명 얻었네 —
S.A
사망권 — 세 이기시고 — 성경대로부활 하셨네 —
어두움 — 을 이기시고 — 생명의빛밝혀 주셨네 —

25
우 리 의 죄 를 ― 정 결 케 하 시 려 그
사 랑 의 언 약 ― 이 루 기 위 하 여 그
29
고 통 을 견 디 셨 네 ― ―
채 찍 을 맞 으 셨 네 ― ―
견 디 셨 네
33
S.A
주 님 의 사 랑 ― 이 루 기 위 하 여 그
보 혈 ― 우 리 죄 위 하 여 아
T.B

아 픔 을 당 하 셨 네
낌 없 이 흘 리 셨 네
당 하 셨 네
흘 리 셨 네
자 신 을 버 리 시 고 우 릴 구 원 하 셨 네 —
보 혈 의 피 를 흘 려 — 그 사 랑 이 루 셨 네 —

14. 주님 부활하셨네
주 는 부 활 이 요 생 명 되 시 네
죽 음 이 기 시 고 다 시 사 셨 네 예
수 부 활 하 셨 네 一 부 활

15. 막달라 마리아에게

작사 • 지성찬 작곡 • 진정숙

낭독 : (음악 시작) 예수님을 사랑했던 막달라 마리아는 무덤 밖에서 흐느껴 울면서
구부려 무덤 속을 들여다 보니 흰 옷 입은 두 천사가 마리아에게 가로되

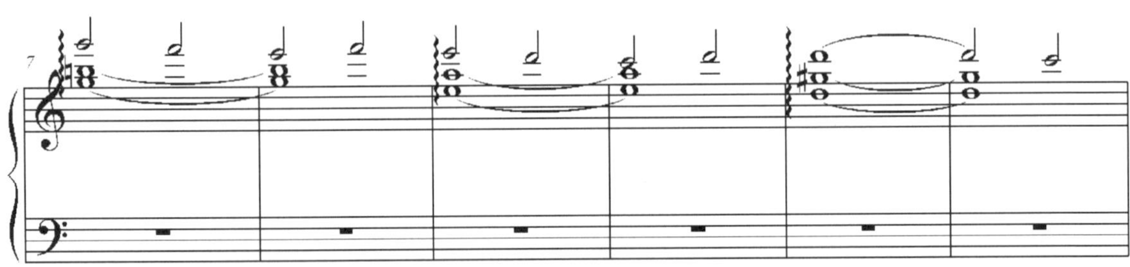

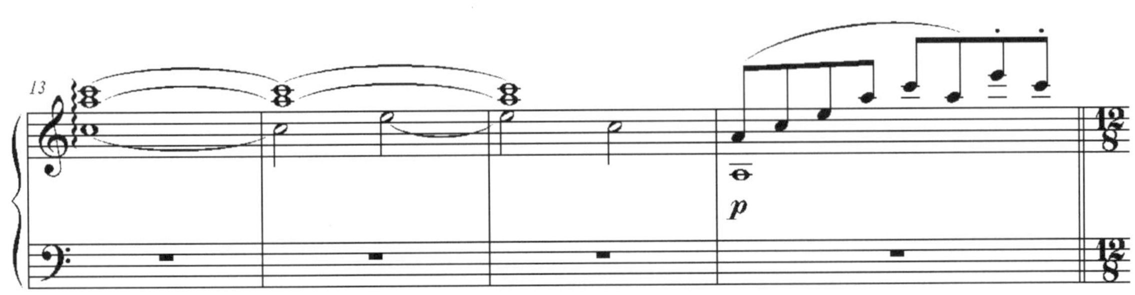

Baritone Solo
♩.= 66
p
여 — 자 여 — 어 — 찌 하 여 우 — 느 —
S.A
p
사 — 람 이 — 내 — 주 를 — 가 져 다 가 어 디 두 — 었 는 지
T.B
pp
냐 하 니 — 우 우 우 우 우 우 우 우
mp
♩ = 80
— 알 — 지 못 하 나 이 다 —
우 우 우 우 못 하 나 이 다 —
낭독 : 무덤에 계신 예수께서
♩ = 80

15. 막달라 마리아에게

"마리아야" 하거늘 마리아가 돌이켜 "선생님이여" 하니 예수께서 이르시되
Baritone Solo
mf
나를
♩.=66
f
만 지 지 말 라 — 내 가 아 직 —
하 늘 — 아 버 지 께 로 올 라 가 지 — 못 하 였

15. 막달라 마리아에게

낭독 : 막달라 마리아가 제자들에게 이 일을 전하였습니다.
안식 후 첫 날 제자들이 모인 자리에 예수님께서 나타나 가라사대

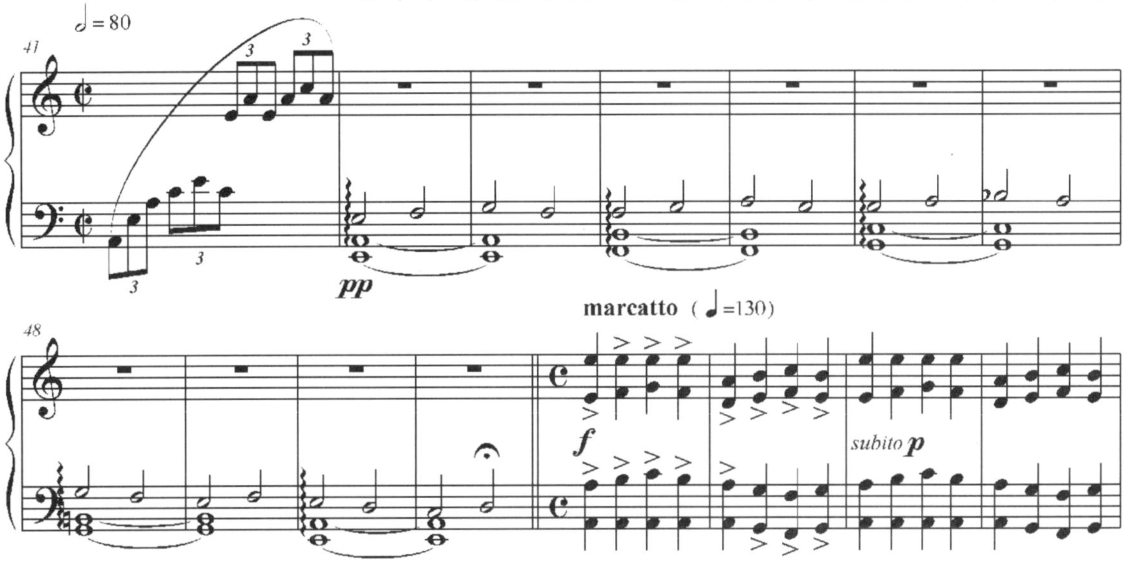

S.A.
너 희 에 게 평 — 강 이 있 을 지 어 다 — —
T.B.
지 어 다 아 버 지 께 서 나 를 보 내 신 것 — 같 이
나 도 너 희 를 보 내 노 라 너 — 희 는 성 령 을 받 으 —
라 — 너 — 희 는 성 — 령 을 받 으 라 —

16. 네가 나를 사랑하느냐

작사 • 지성찬 작곡 • 이경희

mp
내 가 주 를 사 랑 하 는
하 ― 느 냐 ― ―
mp
p
f
p
줄 을 주 께 서 아 ― 시 나 이 다
f
Tenor Solo
다 시 물 으 시 니
mf 내 어 린 ― 양 을 먹 이 라

그 러 하 외 다
Tenor Solo
내 양 을 치 —
또 물 으 시 니
라
Tenor Solo
요 한 의 아 들 시 몬 — 아 — 네 가 나 를 사 랑
mf
f

베 드 로 가 근 심 하 여 가 로
하 ― 느 ― 냐 ―
되
Baritone Solo
주 여 모 든 것 을 아 시 오 니
내 가 주 를 사 랑

하 는 줄 을 주 께 서 아 시 나 이 다
Tenor Solo
내 양 을 먹 ─ 이 라
베 드 로 가
예 수 님 을 세 번 부 인 한 것 을 생 각 나 게 하 시 니

주 님 앞에 ― 어찌할 ― 바 몰 랐었 네
몰 랐었 네 ― 주 님은
책 망 않 하 시 고 사 랑 으 로

회 복 시 키 셨 도 다 소 망 을 주
셨 네 사 랑 의 주 님

17. 하늘로 가심을 본 그대로 오시리라

작사 • 지성찬 작곡 • 이경희

Allegretto

님 나라의 일을 말 씀 하 셨 네
에 루 살 렘 을 떠
나 지 말 고 아 버 지 께 서
mp
mf
mp

약 속하신 것을 기 — — 다 리 며 오 직
성 령이 너희에게임 하 시 면 — 너
— 희가 권 — 능을 받 고 예루살렘과

온— 유다와 사마리아와 땅끝까지이르
리 내 증인이 되 어라 우
리—주 님 하늘로올 리우—시니

희 옷 입 — 은 두 천 — 사 가 가 로 되 너 희 가 운 데 —
하 늘 로 올 — 리 우 신 예 수 는 너 희 본 대 로 오
시 리 라
mp
Allegro
mp

할――렐루야 할렐루야 할 렐 루 야
할――렐루야 할렐루야 할 렐 루 야
할――렐루야 할렐루야 할렐루야 할 렐 루 야
할――렐루야 할렐루야 할 렐 루 야
주 예수여 ―속―히오 소 ―서
주 예수여
주 예수여 ―속―히오 소 ―서
주 예수여

아 — 멘 — 아 멘 아
— 속 — 히오 — 소 — 서 —
아 — 멘 — 주 예수 여 속 — 히
— 속 — 히오 — 소 — 서 — 아 멘 아
멘 할 — 렐 루 — 야
멘
오 — 소서 — 할 — 렐 루 — 야

망망한 바다 한가운데서 배 한 척이 침몰하게 되었습니다.
모두들 구명보트에 옮겨탔지만 한 사람이 보이지 않았습니다.
절박한 표정으로 안절부절 못하던 성난 무리 앞에
급히 달려나온 그 선원이
꼭 쥐고 있던 손바닥을 펴 보이며 말했습니다.
"모두들 나침반을 잊고 나왔기에…"
분명, 나침반이 없었다면 그들은 끝없이 바다 위를
표류할 수 밖에 없을 것입니다.

삶의 바다를 항해하는 모든 이들을 위하여
우리는 그 나침반의 역할을 하고 싶습니다.
우리를 구원하신 아름다운 주님을
21세기 문명의 이기를 통하여
널리 전하고 싶습니다.

우리 나침반 가족은
구원의 복음과 진리의 말씀을 전하며
당신의 믿음 성장과 삶을, 가정을, 증거를,
그리고 당신의 세계를 돕고 싶습니다.

그리스도 안에서
우리는 당신을 진실로 사랑합니다.

"하나님은 모든 사람이 구원을 받으며
진리를 아는데 이르기를 원하시느니라."
(디모데전서2장 4절)

위드힘 북1
하나님이 하셨어요!

정경주 지음 | 352쪽 | 신국판

그가 체험한 모든 일들은 하나같이 사람이 했다고는
믿을 수 없는 신비의 연속이다. 이 책은 기도할 때마다
나타나는 하나님의 놀라운 역사들을 증거하고 있다.!

위드힘 북2
하나님이 키우셨어요

이은성 지음 | 400쪽 | 신국판

전재산 280불로 시작한 어렵고 힘든 미국생활의시련속
에서도 목사, 사업가, 작곡가, 가수, 모델로 자랑스럽게
커준 다섯 아들과의 사랑이야기!

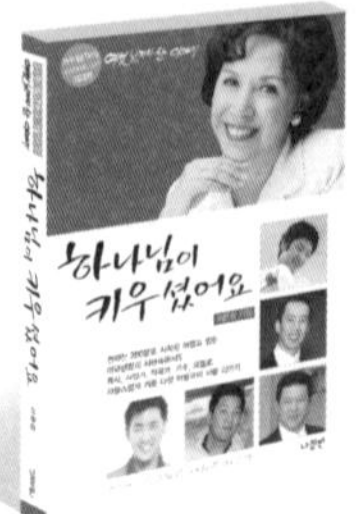

위드힘 북3
하라면 하겠습니다 주님!

김종필 지음 | 272쪽 | 신국판

성령의 강한 이끌림에 순종하는 삶!
지난해 말부터 미국에 알려지기 시작한
'불' 의 설교자 김종필 선교사의 감동실화!

위드힘 북4
절대로 포기하지 마십시오

김진상 지음 | 272쪽 | 신국판

꿈을 포기할 수밖에 없었던 가난한 환경에서도 포기하
지 않고 유학길에 올라 끝까지 하나님만 바라보며 도
전해 꿈을 이룬 이야기!

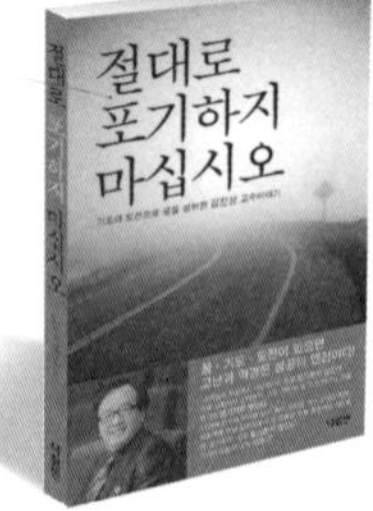

위드힘 북5
인생김치 이야기

심동철 지음 | 224쪽 | 신국판

인생의 벼랑 끝에서도 주님 안에서 희망을 놓지 않으
면 살아남을 수 있다!
"너는 아직 상위로 올라갈 김치가 아니다. 좀더 기다려
라. 엄동설한이 오면 네 것을 꺼내 쓸 것이니"

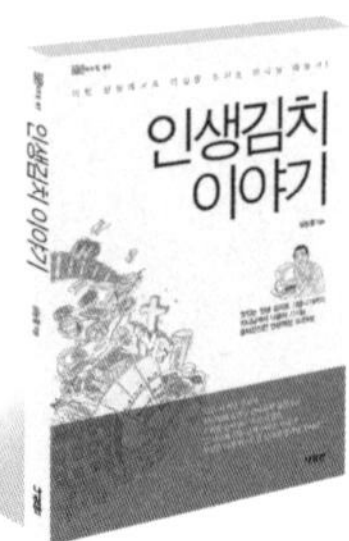

넉넉히 이기리라!

김장환 지음 | 392쪽 | 신국판

매일 5분씩만 묵상하십시오.
주님께서 우리에게 강한 믿음과 담대하고 평안한
마음을 주십니다!

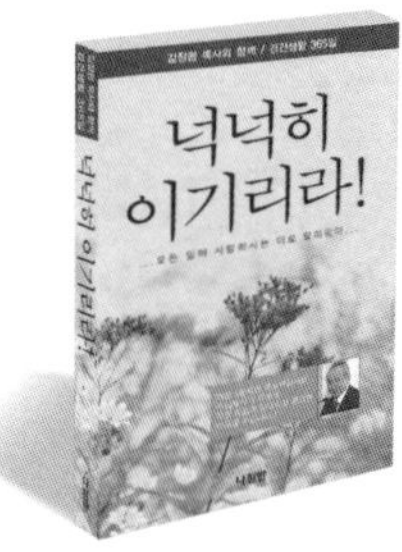

고딩 화이팅!

편집부 지음 | 208쪽 | 신국판

교회생활도 잘하고 / 입시준비도 잘해서
서울대에 입학한 14명의 신앙과 공부비법!

마음에 꿈을 그려라

유희태 지음 | 272쪽 | 신국판

이성,감성,지성,인성,영성의 5성급 리더.
금전 재테크, 인생 재테크 전문가,
유희태 부행장에게서 듣는 열정적이고 도전적인 희망
의 메시지!

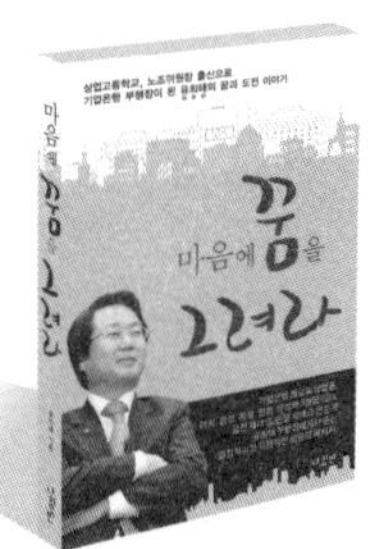

자식의 장래는
부모의 무릎에 달려있다

스토미 오마샨 지음 | 240쪽 | 신국판

자녀를 위한 30일 작정 기도 교과서!
이책을 통해 자녀들을 위해 구체적으로
어떻게 기도해야 하는지를 제시하고 있다!

예수 그리스도 다시 사셨도다!

초판발행 2010년 2월 20일

지은이 작악회
발행인 김용호
발행처 나침반출판사
등 록 1980년 3월 18일 / 제 2-32호
주 소 110-616 서울 광화문 사서함 1641호
전 화 대표 (02)2279-6321   영업부 (031)932-3205
팩 스 본사 (02)2275-6003   영업부 (031)932-3207

www.nabook.net
nabook@korea.com
nabook@nabook.net

ISBN 978-89-318-1417-0 03230
책번호 타-1007

· 값은 뒷표지에 있습니다.
· 잘못 만들어진 책은 구입처나 본사에서 바꿔드립니다.

나침반출판사는 우리를 구원하신 아름다운 주님을
21세기 문명의 이카(利器)를 통하여 널리 전하고 싶습니다.